स्वर्गविभा ऑनलाइन त्रैमासिक हिंदी पत्रिका

मार्च 2025

Published by Swargvibha Publishing House

A-1601, Sea Queen Heritage, Plot-6, Sector-18, Sanpada, Navi Mumbai, Maharashtra, India – 400705

Printed Paperback Edition

प्रधान संपादक
डॉ. तारा सिंह, साहित्यकार

संपादक
चीफ ई. (में.) राजीव कुमार सिंह

सहायक संपादक
आयुष कुमार सिंह

परामर्श मंडल

श्री नृपेन्द्र नाथ गुप्त
अध्यक्ष, भारतीय भाषा साहित्य समागम, पटना

डॉ. बी. पी. सिंह
भूतपूर्व प्राचार्य, आचार्य जे. सी. बोस कॉलेज, कोलकाता

डॉ. नंदलाल भारती
प्रवीण साहित्यकार एवं बहुचर्चित समाजसेवी, इंदौर

वेब साईट swargvibha.com
मो. न. 93229 91198, 79808 53274

निवेदन:

संदेश

स्वर्गविभा टीम द्वारा, स्वर्गविभा त्रैमासिक पत्रिका, मार्च 2025 अंक का प्रकाशन बड़ी प्रसन्नता का विषय है| यह पत्रिका विगत 22 सालों से नियमित रूप से, हर तीन महीने पर प्रकाशित होती आ रही है| इसके प्रकाशन का मुख्य उद्देश्य, देश-विदेश के हिंदी साहित्य प्रेमियों की प्रतिभा को, जन-जन तक पहुँचाना, और हिंदी का प्रचार-प्रसार करना है| इसमें लब्ध प्रतिष्ठित रचनाकारों की रचनाएँ, कहानियाँ, गज़लें, कवितायें आदि तो प्रकाशित होती ही हैं, इसके साथ ही नवोदित रचनाकारों की रचनाएँ, जिनमें समीक्षा, आलोचनात्मक लेख, आदि भी प्रकाशित होती हैं| जिससे कि नवोदित और लब्ध रचनाकारों की न केवल प्रतिभा का आदान-प्रदान हो सके, बल्कि एक दूसरे को परस्पर जानें भी|

मुझे अत्यंत प्रसन्नता होती है, यह जानकार कि इन छोटे-छोटे प्रयासों से आज हिंदी, निरंतर आगे बढ़ रही है| बाहरी देशों में भी हिंदी अपनी जगह बना रही है| इसमें कोई संदेह नहीं कि आज हिंदी भाषा को लगभग पूरे विश्व में, समझने वाले लोग हैं| भले ही वे बातें न कर सकें, पर बखूबी समझते हैं|

पर दुःख की बात है, कि एक ओर तो देश में, कुछ लोग हिंदी के प्रचार-प्रसार में दिन-रात कार्यरत हैं, तो दूसरी ओर राजनीतिक जुमलों और बाज़ार की चमक-दमक में, हिंदी हमारे दैनिक जीवन से ओझल होती जा रही महसूस होती है| ईश्वर न करें, कि एक दिन हिंदी, हमारी अभिव्यक्ति का माध्यम बनने से इनकार कर दे| बाजार, मीडिया, विज्ञान की चकाचौंध में, हमारे मूल्यों की रक्षा करने के दायित्व बोध से पीछे हट जाये, संस्कृति और सौहार्द को बाजार के हवाले न कर दे| हमारे लोकतांत्रिक मूल्यों को समय से पहले ही न ख़तम कर दे, क्योंकि भाषा जब बाजार के अधीन होती है, तब सबसे पहले, अभिव्यक्ति को खतरे की घंटी सुनाई पड़ती

है| इसलिये हमें यह नहीं भूलना चाहिए कि मानवीय संस्कृति की उपलब्धि उसकी भाषा है| बदली हुई परिस्थिति में नए व्यावसायिक परिधान की आड़ में उसकी मूल आत्मा का परिधान धूमिल हो जा रहा है, और एक आहत आत्मा का गौरव, हम जितना भी जतन कर लें, दोबारा लौटाया नहीं जा सकता|

आयुष कुमार सिंह
सह सम्पादक

है| इसलिये हमें यह नहीं भूलना चाहिए कि मानवीय संस्कृति की उपलब्धि उसकी भाषा है| बदली हुई परिस्थिति में नए व्यावसायिक परिधान की आड़ में उसकी मूल

प्रधान सम्पादकीय:

मानव जाति की अमूल्य धरोहर उसकी भाषा है| उसकी कीमत पर, किसी भी प्रकार का विकास एवं उपलब्धि उसे स्वीकार्य है| अपनी भाषा में सोचने, एवं जीने के अधिकार से वंचित रखना, उसकी अस्मिता को खंडित करने जैसा है| यह एक अपराध से कम नहीं है| भाषाई संस्कार उसे अपने समाज व देश से जोड़े रखता है| भाषा लगातार उन्नत होती, आगे की ओर अग्रसर होती, अंधकार से प्रकाश की ओर बढ़ती, मनुष्य के भीतर कई वैचारिक वातायन का निर्माण करती है जिससे उत्कृष्ट परम्परा व सभ्यता के सार्वभौमिक स्वरूप को निखारने की राह आसान होती है|

भाषाई आत्मनिर्भरता के बिना कोई भी समाज, या देश सम्पूर्णता में आत्मनिर्भर नहीं हो सकता| स्वभाषा, उस कुंदन के समान है, जिसकी कीमत नहीं आंकी जा सकती| उत्कृष्ट भाषाई समाज अपने ज्ञान-विज्ञान, विविध कलाओं का सृजन, अपनी भाषा में कर, भाषाई श्रेष्ठता बोध की राह में मजबूत कर दुनिया के आगे, एक उत्तम उदाहरण प्रस्तुत करता है|

हमारा देश भारत, सैकड़ों भाषाओं का देश है| जिनमें कुछ भाषाएँ प्रमुख हैं, जैसे हिंदी, भोजपुरी, मगही, तमिल, तेलुगु, पंजाबी आदि| जिनमें हिंदी, संसार की उन बहुत ही कम भाषाओं में से एक है, जो विश्व भर की यात्रा करते हुए, मात्र विचार-विनिमय का माध्यम न रहकर, अधिक विस्तृत रूप में उभरी है| अपनी एक लम्बी यात्रा के बाद, हिंदी को आज ''विश्व-भाषा'' का दर्जा प्राप्त हुआ है| परन्तु अपनी प्रतिष्ठा को शीर्ष तक पहुंचाने के लिए, हिंदी को अभी और मेहनत करना होगा| जब तक हिंदी अतिरिक्त प्रतीकात्मक अर्थ धारण नहीं कर लेती, लोकप्रिय तो बनी रहेगी, पर राष्ट्रभाषा का गौरव नहीं प्राप्त कर सकेगी|

राष्ट्रीय आंदोलन के दौरान पंडित मदन मोहन मालवीय, बाल गंगाधर तिलक, विनोबा भावे, आदि हिंदी की लोकप्रियता को ध्यान में रखते हुए, इसे राष्ट्रभाषा बनाने की दिशा में प्रयत्नशील हुए| इंदौर में, सन 1918 में आयोजित आठवें हिंदी साहित्य सम्मेलन की अध्यक्षता करते हुए महात्मा गाँधी, अपना यह विचार रखे:

"मेरा यह मत है कि हिंदी ही हिन्दुस्तान की राष्ट्रभाषा हो सकती है, और होनी चाहिए|"

पर दुर्भाग्य वश, हिंदी का राष्ट्रभाषा बनना तो दूर, सर्वसम्मति से हिंदी, देश की एक सर्वप्रिय भाषा है, इसका दर्जा भी पूर्णतया प्राप्त नहीं है| सबके अपने-अपने राग और अपनी-अपनी डफली है|

पाश्चात्य दृष्टिकोण के प्रभाव में गढ़ी गई, भारतीय शिक्षा-व्यवस्था ने हिंदी को सबसे अधिक नुकसान पहुँचाया है| स्वभाषा ज्ञान के अभाव में, अभी तक समाज और देश के लिए, भाषाओं को हितकारी न बनाया जा सका| परिणाम स्वरूप चिरन्तन वैचारिकी का ह्रास हुआ| इतने सारे अड़चनों के बावजूद हिंदी आज अपनी संख्या बल के सहारे विश्व बाज़ार में अपनी उपस्थिति बनाई हुई है| वरना सूचना क्रान्ति की आँधी साम्राज्य वादी शक्तियाँ अपने आधिपत्य से हिंदी की सांस्कृतिक विरासत को कब की बहा ले जा चुकी होती| ऐसे तो मेरी सोच है, अंग्रेजी के प्रचलन में आ चुके शब्दों को अपनाने में कोई हर्ज नहीं है, क्योंकि तब हमें शुद्धता वादी दृष्टिकोण को छोड़ना होगा| वैज्ञानिक व तकनीकी दुरूहता दूर होते ही हिंदी अपने आप सर्वमान्य हो जाएगी| जरूरत बस यही है कि हम हिंदी को विज्ञान और वाणिज्य की भाषा बनने की दिशा में सार्थक प्रयास करें|

मुझे आशा नहीं, पूर्ण विश्वास है कि एक दिन हिंदी अपनी जीवंतता के बल पर, राष्ट्रभाषा बनकर रहेगी।

-तारा सिंह

अनुक्रम:

(A) ग़ज़लें:

(i) जबाँ पर हम ला न सके वो अफ़साना: डॉ. तारा सिंह

जबाँ पर हम ला न सके वो अफ़साना1

दोस्ती निभती नजर आती नहीं, महबूब से

मंजिले – हस्ती3 को समझती मुसाफिरखाना

न सुबहे - इशरत4 है, न शामे - विशाल5 हमको

जब से छोड़ा है उसने मेरे कूचे में आना

नूर में होती इतनी जुल्मत6, हुआ आज उसकी आँखों

से साबित, खुदा इस शातिर निगाह से हमें बचाना

1.कहानी 2. प्रेम का चित्र 3. जिंदगी की मंजिल

4.प्रातःकालीन सुख 5. मिलन की संध्या 6.शैतानी

(ii) इक तू नहीं साथ, गम सारा मेरे साथ है: डॉ. तारा सिंह

इक तू नहीं साथ, गम सारा मेरे साथ है
आज फ़िर वही दिन, वही जुल्मते-रात1 है
मौत रहती है, जिंदगी पर घात लगाये
हौसला, मुस्ते-खाक2 का बेबुनियाद है
नजर बंद कर देखती हूँ जब तम शाये-दिल
दिखता, रूह3 से कालिब4 आज़ाद है
दो दिन की सैर में तमाम हो जायेगा यह
गुलिस्तां, वक्त से कैसी शिकायत, कैसा फ़साद है
मैं तो बस इतना जानती, बागे-आलम5 का जो
महबूब है, मैं उसका शागिर्द, वह मेरा उस्ताद है

1. खौफनाक रात 2. मुट्ठी भर राख 3. आत्मा
4. साँच 5. संसार

(iii) आज रात ठहर जाओ यहीं: डॉ. तारा सिंह

आज रात ठहर जाओ यहीं, सहर1 होने तक
कल जाने कहाँ रहूँ, तुमको खबर होने तक
रहने दे अपने नाम, मेरे नाम के पते से
दिले-बेताब के हर तार को, बिस्तर होने तक
उड़ती फ़िरंगी खाक मेरी, कू-ए-यार2 में, इतना
न तूल दे अपने नाम को, मुख्तसर होने तक
तुम्हारे पास बीमारे-मुहब्बत के लिए दुआ नहीं
मैं दुआ करता हूँ, दुआ का असर होने तक
उस बीमारे मुहब्बत की क्या, जो शीशे पर रखकर
चाटते हैं अपना लब, जख्मे जिगर होने तक

1. सुबह 2. यार की गली

(iv) आदमी तो वह अच्छा है: डॉ. तारा सिंह

आदमी तो वह अच्छा है, पर बदनाम बहुत है
जबां से शिकायत कम, लगाता इल्जाम बहुत है
तवस्सुर1 में जब होती है कोई मेहरजबी, तब
दिल के लिये आँखों से लेता काम बहुत है
बेदादे-इश्क2 की परवाह नहीं करता, देखते ही किसी
दिल खाम कलि को कहता, तेरी आँखों में ज़ाम बहुत है
न किसी के पास बैठता, न किसी को बैठने देता
अपने हिज्र में दिखाता मुकाम बहुत है
ख़ुदा से कहता बेखुदी है वस्ल में, या छाई है तेरी
हया, जो लोग कहते खुल्द3 में मिलता आराम बहुत है

1. ध्यान 2. प्यार का जुल्म 3. स्वर्ग

(B) कविताएँ:

(i) करो भारत को नमन: डॉ. तारा सिंह

करो भारत को नमन, बोलो भारतीय हैं हम

भारत की माटी नहीं, चंदन से कम

करो भारत को नमन, बोलो भारतीय हैं हम

हम कहीं भी जीयें, हम कहीं भी रहें

न उतरे कभी, भारतीयता का रंग

करो भारत को नमन, बोलो भारतीय हैं हम

यहाँ बहती है गंगा, स्वर्ग से उतरकर

यमुना में खेलता, श्याम का रंग

करो भारत को नमन, बोलो भारतीय हैं हम

यहाँ पत्थर भी गाते, पर्वत भी पिघलते

यहाँ अतिथि सेवा, न देवता से कम

करो भारत को नमन, बोलो भारतीय हैं हम

हमें गीता भी प्यारी और बाइबिल भी प्यारा
यहाँ कुरान, रहता पुराण संग
करो भारत को नमन, बोलो भारतीय हैं हम

दिव्य जीवन पथ

मैं बूढ़ा हो गया हूँ

या

मैं लोग बूढ़ा हो रहा हूँ

नहीं नहीं मैं बूढ़ा नहीं

दिव्य जीवन के पथ पर बढ़ रहा हूँ

बुढ़ापा और बेकारी पन तस्वीरें

मैं नहीं रखता हूँ

जेब में जवां दर्पण रखता हूँ

ख़ुद से प्यार करता हूँ

मैं जीवन को स्वीकारता हूँ

मैं ख़ुद से प्यार करता हूँ

स्वस्थ, खुश, समर्थ निर्मल दिल वाला

ईश्वर का प्रतिनिधि हूँ

मैं बूढ़ा नहीं

मैं जीवन पथ पर सफल

और

दीप्तिमान हो रहा हूँ

दिव्य और बुद्धिमान हो रहा हूँ

नहीं नहीं मैं बूढ़ा नहीं

दिव्य जीवन के पथ पर बढ़ रहा हूँ।

नन्दलाल भारती

सारे दुःख सहकर भी
यह कुछ नहीं कहते।
नींव में पड़े जो पत्थर
सब का भार खुद सहते।।
कंधे हैं बलवान उनके
भारी वजन उन पे पड़ते।
नींव में पड़े जो पत्थर
वे कुछ नहीं कहते।।
आगे बढ़ने के सपने सबके
उन्हें यह भान नहीं होता।
बढ़ाने में किसका हाथ
इसका ज्ञान नहीं होता।।
सारे श्रेय स्वयं ले लेते
उन्हें अनुमान नहीं होता।
करने वाला कोई और है
उनका ज्ञान नहीं होता।।
मजदूर ने मेहनत की
हवेली वाले ने मजा ली।
उसने लगाया पेड़ पर
सजा कितना है सही।।
सभी भवन का भार
नींव वहीं उठा लेती है
कंधे पर कितना भी बोझ

हो, दुःख नींव ही सहती।।
धैर्य के पीछे आलीशान
मकान खड़ा होता है।
नींव में पड़े पत्थर का
दर्शन कब कहां होता है।।

गर एक सा मौसम रहेगा, न कभी बरसात होगी,

ग्रीष्म ऋतु भी न रहेगी, शिशिर की न रात होगी,

तब बता मुझको सखी, बसंत की कब बात होगी?

कब मिलेंगे आम लीची, कब दूसरे फल आयेंगे,

फूल भाँति- भाँति के, कब उपवन में खिल पायेंगे?

तब बता मुझको सखी, कब भौंरे तितली आयेंगे?

बच्चे नहीं होंगे घरों में, आँगन सूने रह जायेंगे,

दादा दादी नाना नानी, किस पर प्यार लुटायेंगे?

तब बता मुझको सखी, रिश्ते कहाँ बच पायेंगे?

वृक्ष धरा से कट जायेंगे, उपवन सूने हो जायेंगे,

कंकरीट के जंगल बचेंगे, पक्षी ग़ायब हो जायेंगे।

तब बता मुझको सखी, कल- कल कहाँ सुन पायेंगे?

(v) समय जरूर आयेगा: सुशील कुमार

आयेगा, वह समय जरूर आयेगा

... जब मैं नहीं रहूँगा

और तुम भी नहीं रहोगे

तो क्या यह दुनिया नहीं चलेगी?

जरूर चलेगी,

जब तक इसे चलनी है

इसके विनष्ट होने तक!

पृथ्वी अपने अक्ष पर घूमती रहेगी अनवरत

अहंकार में डूबे, प्रत्यंचा में तने लोगों के बीच भी

नि:शंक

अपने भीतर उन्हें दफ्न करते हुए

सबकी अकुंठ गाथाएं अपने भीतर समेटे

अपनी आयु के आखिरी छोर तक

(C) कहानियाँ:

(i) माँ का दूध सस्ता क्यों? -डॉ. तारा सिंह

जेठ का महीना था, आकाश से आग के गोले बरस रहे थे। लखन अपने गाँव के बाहर बने चंडी स्थान में एक पीपल के पेड़ के नीचे चबूतरे पर बैठा, ठंढी हवा खा रहा था। लोग अपने-अपने घरों में पड़े थे। कहीं कोई आवाज नहीं थी बस, जब-तब भैसों और बैलों के डकारने की आवाज अवश्य सुनाई पड़ती थी। तभी उसे याद आया, कई सालों से घर का खपरैल नहीं बदला गया। भादो करीब है, इस बार कुछ न कुछ करना ही होगा, सोचता हुआ लखन घर की ओर चल दिया। दरवाजे पर पहुँचते ही उसे मुन्ना के चीख-चीखकर रोने की आवाज सुनाई पड़ी। वह चिंतित, परेशान दौड़ता हुआ आँगन में पहुँचा, देखा—मुन्ना के शरीर में जितनी ताकत है, सब रोने में लगाये हुए है। उसने झटपट मुन्ने को गोद में उठाया, चूमा, पूछा—मेरा प्यारा बेटा, आप क्यों रो रहे हैं? क्या, माँ ने मारा?

मुन्ना, सिर हिलाकर कहा—नहीं।

लखन विस्मित हो पूछा—तब आप क्यों रो रहे हैं?

मुन्ना, अपनी माँ की ओर उँगली से इशारा कर कहा—उसने मुझे आज दूध पीने नहीं दिया; कहती है—घर में दूध नहीं है।

लखन, दार्शनिक विवेचना के भाव से, मन ही मन बुदबुदाया, कहा—जो काम खुद न देखो, वही चौपट हो जाता है। उसने मुन्ना को गोद में उठाया, एक लोटा लिया, और बोला—चलिये, हम लोग अभी शम्भू चाचा के यहाँ से भैंस का दूध ले आते हैं।

चलते-चलते लखन, पत्नी देवकी की ओर, एक बार उन्मत्त नेत्रों से देखकर पूछा— क्या तुम्हें भी हमारे साथ चलने का मन है?

देवकी, व्यंग्य कर कही—यह कैसा नेवता, जाइये मैं नहीं जाती। ले चलना था, तो तब क्यों नहीं कहा, जब बेटे को आप साथ चलने का नेवता कर रहे थे।

पत्नी की नाराजगी देखकर लखन के पाँव द्वार पर ठिठक गए। उसके पग बाहर न बढ़ सके, मानो पत्नी की नाराजगी उसके धैर्य और मनोबल के ह्रास का सूचक है। यह देखकर देवकी को अपनी निठुरता पर खेद हुआ, उसने अपने कमल मुख को प्रेम-सूर्य की किरणों सी विकसित कर, सतृष्ण नेत्रों से लखन की ओर देखकर कहा—अभी तक आप यहीं हैं, गए नहीं; जल्दी जाइये, वरना दूध नहीं मिलेगा; फिर मुन्ना इसके बाद तो और अधिक रोयेगा। लखन हर्षित हो, आनंद सागर में डुबकी लगाते हुए ईश्वर का धन्यवाद किया और कहा—प्रभु! आज तो मैं प्रेम की कसौटी पर उत्तीर्ण हो गया, आगे भी ख्याल रखना।

देवकी उन माँओं में थी, जिसकी नसों में सन्तान-सुख के लिए, रक्त की जगह त्याग बहता था। लखन की तरह वह भी चाहती थी, कि अपने बेटे के जीवन-प्रभात में, लालसा-हृदय के सारे आकाश को माधुरी की सुनहरी किरणों से रंजित कर दूँ। मगर जिस गृहस्थी में पेट भर रोटियाँ भी न मिले, वहाँ दूध की बात कैसे सोच सकती थी, निराशा हृदय में आतंकमय कम्पन डाल रखा था। जीवन-यापन के लिए पूर्वजों से मिली दो बीघे जमीन थी। सिवा और कुछ नहीं था, जिससे खींच-तान कर घर चल पाता था। यूँ तो लखन ज्यादा तो नहीं, पर थोड़ा पढ़ा-लिखा व्यक्ति था। वह चाहता तो शहर जाकर, दौड़-धूपकर रोटी की व्यवस्था कर लेता, मगर वह चाहता था कि शहर जाने से पहले, देवकी और मुन्ने के खाने-पीने का बंदोबस्त आवश्यक है। इसी चिंता में पड़े-पड़े दिन कट जाता था, मगर जाना कभी संभव नहीं हो सका।

परिस्थिति ने देवकी और उसके परिवार का आमोद-प्रमोद भूल जाने के लिए विवश कर रखा था। उसका स्वयं का भी मानना था, "जितनी लम्बी चादर हो, आदमी को उतना ही पैर पसारना चाहिए"। ऋण लेकर खर्च करने वाले लोग जब जीवन भर तपस्या कर भी ऋण-मुक्त नहीं हो पाते, तब उनका संयम निराशा में परिणत हो जाता है, जो मैं नहीं चाहती। आदमी अन्न बिना मर सकता है, दूध बिना नहीं, इसलिए अपने बेटे को अगर भैंस के दूध बिना ही बड़ा करना पड़ा, तो

करूँगी। आखिर कोई दूसरा रास्ता भी तो मेरे पास नहीं है, अब तो परिवार की आवश्यकताएँ घटते-घटते संन्यास की सीमा को पार कर चुकी है।

देवकी, पति और मुन्ने के आने के इन्तजार में दरवाजे पर जब्त बैठी, सोच रही थी- आगे जीवन कैसे कटेगा, जब मुन्ने के स्कूल का खर्च, किताब-कोपी, पोशाक खरीदनी होगी; कहाँ से पैसे लाऊँगी? मजदूरी का विचार आते ही काँप गई। उसकी आँखें बंद हो गईं, और जीवनाभाव की सारी स्मृतियाँ, स्वप्न-चित्रों की तरह बेमेल, विकृत और असंबंध आने लगी। पहले वह सुखद अवसर आया, जब वह चिंतामुक्त हो, बचपन में गुडवा-गुड़ियों से खेलती थी; फिर आया, लाल चुनरी ओढ़े ससुराल जा रही है। उसके बाद उसने एक बेटा को जनम दिया, जिसे छुपकर अपने स्तन का दूध पिला रही है, कि अचानक किसी के पदचाप की आहट से उसकी आँखें खुल गईं। देखी, सामने लोटा में दूध लिये लखन, मुन्ने के साथ खड़ा है। उसने पति की तरफ एक बार करुण भाव से देखी, फिर लखन के हाथ से दूध का लोटा लेकर आँगन में चूल्हे पर गरम करने चली गई। चूल्हा सुलगाती, लखन से पूछी—क्या जी, सुनती हूँ आजकल दूध के दाम बहुत बढ़ गए हैं।

लखन, सिर हिलाकर कहा—हाँ देवकी, एक किलो दूध के दाम पूरे पचास रुपये लिये।

देवकी नम्रता से पूछी—ये तो रहा भैंस के दूध की कीमत, बकरी के दूध किस भाव हैं?

लखन, बिना लाग-लपेट का बोला—चालीस रुपये।

देवकी आहत स्वर में कही—जानवरों के दूध का दाम बढ़ रहा है, और माँ के दूध का दाम घटा जा रहा है। क्या लखन— माँ, गाय-बकरी से भी गयी गुजरी है?

लखन, देवकी के निराशा में डूबे हुए शब्द को सुनकर, इतना व्यथित हुआ कि उसकी आँखों से पानी निकल आया। उसने एक बार मुन्ना की ओर देखा, देखते ही उसके मन में हर्ष की जगह एक अव्यक्त शंका उत्पन्न हुई। ऐसे तो लखन भविष्यवाणी का कायल नहीं था, लेकिन पत्नी के मुंह से अनिष्ट की बातें सुनकर,

जिसके त्याग ने उसके आत्मज्ञानी होने में कोई संदेह न रखा, उसका हृदय कातर हो गया। इस समय उसके हृदय की संचित आशा कहीं बिखर गई, उसके जीवनाभिनय में अब एक और दृश्य का सूत्र पात हुआ; जो पहले से ज्यादा दुखद था। अभी दश मिनट पहले उसकी आशा उस नौका की तरह था, जो तट पर सही सलामत पहुँचती दिख रही थी, मगर देखते ही देखते, मझधार में फंसकर चक्कर काटने लगी। दृष्टि की परम सीमा की निधियों का भव्य, विस्तृत-उपवन मरू में तब्दील हो गया। लखन की विषाद चिंताओं का यहीं अंत नहीं था, उसकी प्रसन्नता एक क्षण में लुप्त हो गई थी, और नयी चिंताएँ आँखों के सामने फिरने लगीं। उसे देखकर लगने लगा, मानो कोई जीर्ण रोगी किसी उत्तेजक औषधि के असर से एक क्षण के लिये चैतन्य होकर फिर से मूर्च्छित हो गया हो।

लखन सोचने लगा, खुद को मानवता का पुजारी बताने वाला मानव, आज उस देवी माँ को, जिसका दूध, अमृत समान लहू बन नसों में दौड़ता है, उसे ही आदर न दे पा रहा है, जिसकी वह हकदार है। जब वह पेट में था, जिसे वह देखी तक नहीं थी तब अपनी आशा के तुंग शिखर पर चढ़कर ऊपरवाले से आँचल फैला-फैलाकर संतान की ख़ुशी की, सलामती की दुआ माँगती थी, कहती थी—हे ईश्वर! अगर मैंने थोड़ा भी कोई अच्छा कर्म किया हो, तो उसका फल मेरे कोख में पल रहे, मेरी संतान को देना, और उसके भाग्य का मलिन दिन, मेरे भाग्य संग जोड़ देना, जिससे कि मेरी संतान स्वस्थ और नीरोग होकर जीये। क्षण भर में ही लखन का मुखमंडल वर्ण हीन हो गया। यह सोचकर, कि मैंने जिस घर को एक युग में अविश्राम उद्योग से बांधा, बनाया; आने वाला कल, क्या यह घर मेरे लिए उस तरह भूमिस्थ हो जायेगा; मानो उसका कोई अस्तित्व ही नहीं था। वह केवल मेरी माया रचना थी, तब जीवन कितना निरर्थक हो जाएगा। वह त्याग, तपस्या जिसके पीछे मैं आँखें तेज करके चल रहा हूँ, एक दिन ये मुझे घातक भंवर में डालकर मेरी दुर्गति और उपहास पर खुश होंगे। मेरी प्राण-पीड़ा पर तालियाँ बजायेंगे। उससे भी जब दिल नहीं भरेगा, तब दूध पिलाकर बड़ा करने वाली माँ को दंड स्वरूप (वृद्धाश्रम) काला

पानी भेज देगा। तो क्या, वह इस तरह अपनी माँ को, उसके त्याग का इनाम देगा? यह सब सोचकर वह जोर से रो पड़ा, आँसू की झड़ी लग गई। उसका शोक और अथाह हो गया, जिसमें उसके चित्त की समस्त वृत्तियाँ इस अथाह शोक-सागर में निमग्न हो गईं।

(ii) गुस्ताखी माफः डॉ. नन्दलाल भारती

भाई प्रवीण सीनियर सिटीजन हो। पारिवारिक रिश्ते की मजबूती के लिए कोई कहानी सुना सकते हो, तो सुनाओ। देखो शहर में ही नहीं गाँवों में संयुक्त परिवार की दीवारें दिन पर दिन टूटती जा रही हैं। रिश्तों में आ रही टूटन को रोकने के लिए कोई सटीक किस्सा सुनाओ, प्रदीप बोले।

देखो प्रवीण तुम कौन से इक्कीस साल के जवान हो। तुम सत्तर के हो मैं बासठ का। बस इतना ही फर्क तो है। हम दोनों भारत देश के सीनियर सिटीजन हैं | प्रवीण बोले, अरे प्रवीण तुम बुरा मान गए ।

अरे नहीं भाई, पर मेरी कहानी सच्ची लगेगी। कोई खुद की कहानी नहीं माने कहानी की तरह सुने, खुद में बदलाव लाये। औरों के जीवन में बदलाव लाने की कोशिश ईमानदारी से करे। कोई हुंकारी नहीं भरेगा, प्रवीण बोले।

प्रदीप पूछे, मंजूर है ना?

चौपाल पर उपस्थित सभी महिलाओं-पुरुषों ने एक स्वर कहा है, प्रवीण भाई मंजूर है। जल्दी शुरू करो और देर नहीं।

अब बीच में जो बोलेगा, उसे पेनल्टी देना होगा। सुनो यह कहानी दो भाइयों की है-इस कहानी का शीर्षक है -गुस्ताखी माफ, प्रवीण भाई बोले।

इतने में प्रदीप भाई झट से पूछ लिए, ऐसी-गुस्ताखी माफ?

है ना भाई तभी कहने जा रहा हूँ। गुस्ताखी माफ एक पत्र है जो करमदेव, बड़ा भाई छोटे भाई भरमदेव को लिखता है। प्रवीण भाई नाश्ता आपकी तरफ से है, याद रखियेगा। अब टोकाटाकी करने पर डिनर की पेनल्टी लगेगी, याद रखियेगा सभी लोग। अब और नहीं टोकाटाकी। भाई सुनो कहानी। दो भाइयों की कहानी है, बड़ा भाई -करमदेव नौकरी पेशा में था, दूसरा भरमदेव कहने को डॉ. था।

अब बीच में बोलना मना है। बोलने वाले को पेनल्टी लगेगी, याद रहेगा ना, प्रवीण बोले।

मंजूर है, कहानी तो सुनाओ, प्रदीप बोले।

पेनाल्टी भी सुन लो, प्रवीण बोले।

रात्रि भोज की शर्त मंजूर करने के लिए तैयार रहना बोलने कोई वाले -कहानी ,सुनाओ प्रदीप बोले।

भाई प्रदीप आपका हुक्म मुझे भी मंजूर है। सुनो भाइयों-बहनों- दो भाइयों की कहानी है -गुस्ताखी माफ। यह कहानी भाई के नाम पत्र है, प्रवीण बोले।

कहानी गुस्ताखी माफ़, लम्बे संघर्ष एवं लम्बी बेरोजगारी के कष्टप्रद जीवन के बाद करमदेव को एक कम्पनी में नौकरी लग गयी थी। बड़े भाई करमदेव ने डॉ नाम से जाने वाले छोटे भाई भरमदेव की अवहेलना के बाद लिखा है। करमदेव बड़ा भाई है, परन्तु छोटे भाई को सम्बोधित करता है ;

आदरणीय डॉ साहब, बुलावे का हल्दी चावल आपको नहीं भेज पाया, माफ कीजिएगा पर आप भैय्यपन के प्रति ईमानदार नहीं रहे। आप होली के दिन भी नहीं मिलने आये। डॉ साहब आप जानते हैं कि मैं रिटायरमेंट के बाद कई बार अस्पताल में भर्ती हो चुका हूँ। बचपन से लेकर आज तक पुत्रवत व्यवहार किया। परिवार को गरीबी की दलदल खींचकर, सम्पन्नता के रास्ते पर लाया।

डॉ साहब आप और आपके बच्चों को वही जीवन देने की कोशिश किया, जो अपने बच्चों को दिया। डॉ साहब मैंने कोई गुनाह नहीं, उपकार किया है। डॉ साहब आप कैसे भाई हैं? पुत्रवत व्यवहार और जीवन की खुशियाँ देने वाले भाई की छाती पर आप सुलगते दर्द का बोझ रखकर, अपने पुत्र और बहू जिन्हें आप कहते हैं, उस भगवान के घर से ही चुपचाप वापस चले गए। मैंने और मेरी पत्नी ने जिस चार साल तक पाल-पोस, पढ़ा-लिखाकर बनाया, उसके बाप के लिए हम शैतान हो गए। डॉ साहब मैं गलत था। मैंने आपको लक्ष्मण जैसा भाई माना। कृष्ण जैसा सारथी समझा था। आपसे उम्मीद लगा लिया था कि आप मेरे जनाजे में दो कदम साथ चलेंगे, पर क्या आप तो विभीषण बन गए। डॉ साहब जिन लोगों ने आपको भ्रमित कर आपको विभीषण बनाया है, कहीं वही लोग कभी आपको अंधे मोड़ पर छोड़ दे तो आवाज़ दे देना | मैं कंधे पर हाथ रखूँगा, यदि जिंदा रहा तो।

वाह कैसा भाई है करमदेव? अवसरवादी भरमदेव अपने भगवान के घर से वापस चला गया, करमदेव से मिलना भी उचित नहीं समझा, अपनी सत्ता कायम करने वाली पुत्र-बहू के फरेब में पड़कर उस भाई को त्याग दिया, जो बड़ा भाई करमदेव, छोटे भरमदेव भाई को फर्श से अर्श पर पहुँचाया। वही छोटा भाई भैय्यपन का कत्ल कर दिया। भयावह पीड़ा के बाद भी करमदेव हाथ बढ़ाने को तैयार है, प्रदीप पूछे?

प्रदीप भाई, करमदेव ने छोटे भाई के साथ पुत्रवत व्यवहार किया था। पुत्र कितना भी नालायक हो जाये ,माता -पिता का मोह खत्म नहीं होता है। आगे की कहानी तो सुनो। भरमदेव अपने भाई के घर नहीं गया, जिस भाई ने सम्मान के साथ जीने लायक बनाया। भरमदेव अपने भगवान यानि अपनी पुत्रबहू और पुत्र के घर से वापस चले गए पंद्रह दिन रहकर। डॉ साहब और उनकी पारिवारिक दयनीय परिस्थितियों में बदलाव लाने वाला करमदेव और उसकी पत्नी थी, पर अच्छे दिन आते ही नासमझ शिकारी वाली पुत्र-बहू के जाल में फंसकर भरमदेव अपने ही पैर में कुल्हाड़ी मार लिया और जमीन से उठाकर जिस भाई करमदेव ने आसमान पर बिठाया, उसे शैतान बना दिया। वाह रे नये-नये अमीर बने अफसर बेटा के पापा, अफसर बनाने वाले तुम्हें छोटे लोग लगने लगे, उनसे मिलना तुम्हारी शान के खिलाफ था, घोंप दिए भैय्यपन की छाती में स्वार्थ का खंजर और बना दिए अजनबी, प्रवीण बोले।

बिना किसी मेहनत की तरक्की का साइड इफेक्ट हो गया।

कल जो शकुनि के रुप में बहू आयी, वह ससुर साहब के लिए भगवान बन गयी। चालीस साल से डॉ साहब और उनके परिवार को पीठ पर लादे रहने के बाद तरक्की के रास्ते पर ले जाने वाला भाई करमदेव शैतान हो गए। छाती में खंजर उतारना कोई भरमदेव से सीखे। फोकट में तरक्की की हवाई जहाज पर सवार डॉ साहब लगता है बौरा गए थे, बहू के रुप में शकुनि को सलाहकार बना लिए, प्रदीप बोले।

हाँ प्रदीप भाई ! पत्र के अनुसार भरमदेव, पति-पत्नी ने बड़े भाई का त्याग तो कर दिए पर बदनाम करने में भी पीछे नहीं रहे | प्रवीण बोले, अभी पत्र समाप्त नहीं हुआ है।

सच प्रवीण भाई पलकें गीली होने लगी। उस बड़े भाई करमदेव और भौजाई का क्या हाल हुआ होगा, जिनके हृदय में खंजर उतरा होगा? क्या कोई भाई भैय्यपन के प्रति इतना क्रूर कैसे हो सकता है, जबकि बड़े भाई के उपकार का भार, छोटे भाई का पूरा परिवार सात जन्म में भी नहीं उतार सकता। भरमदेव को बाघिन की शिकार करने की रणनीति नहीं समझ में आयी। भैय्यपन की छाती में खंजर उतारकर भरमदेव बड़ी भूल कर गया, प्रदीप माथा ठोंकते हुए बोले।

आगे की कहानी तो सुनो, प्रवीण भाई बोले;

डॉ साहब माफ़ कीजियेगा, मेरी वजह से आपका बहुत अपमान समाज में हुआ होगा, क्योंकि आपको तरक्की की रथ पर चढ़ाने के लिए पुल बना। आपके न्यूरोट्रीटमेंट के लिए हनुमान बना, शायद यह मेरी गलती थी। आप शहर में कुछ दूरी पर अपने पुत्र और पुत्रबहू जिसे आप भगवान कहते हैं, उनके घर से पंद्रह-बीस दिन रहकर चले गए। मुझ शैतान भाई से मिलना तो दूर, आपने फोन करना भी उचित नहीं समझा।

मुझसे बहुत बड़ा अपराध हो गया, यह अपराध माफ़ी के काबिल भी नहीं लगता। मुझे बुलावा के साथ आपके लिए पालकी भेजना चाहिए था, आपको आपके भगवान के घर से मुझ शैतान के घर तक लाने के लिए। क्षमा करें भाग्य विधाता.... गुस्ताखी के लिए माफ़ करें डॉ साहब।

कैसी गुस्ताखी? कैसी माफ़ी? भरमदेव कसूरवार पर क्षमा करमदेव ने क्यों मांगा, प्रदीप पूछे?

प्रवीण भाई बोले -प्रदीप भाई! यही बड़े लोगों का बड़प्पन है। नाश्ता आपकी तरफ से है, कहानी सुनो। प्रवीण भाई कहानी को बढ़ाते हुए बोले, सुनो नौकरी पेशा, भाई ने पत्र में लिखा था डॉ साहब;

जैसा कि आप जानते ही हैं, मैं विगत चालीस -पैंतालीस साल से आज तक आप और आपके परिवार को पीठ पर लादे रहा। आपका ही नहीं, आपके बच्चों का पालन पोषण, शिक्षा -दीक्षा, दर -दवा, सुख-दुख, देख-रेख, और प्रगति के लिए संघर्ष रत रहा जिसका परिणाम दुनिया के सामने है। इस प्रगति में आपका कोई योगदान नहीं है। सोचना फुर्सत मिले, बच्चे पैदा करने के अलावा आपने क्या किया है? आपने बच्चों को कभी अपनी कमाई से एक वस्त्र भी कभी दिया है। मुझे बदनाम क्यों कर रहे हो, डॉ साहब?

बदनाम करमदेव क्यों, प्रदीप पूछे?

प्रवीण बोले -प्रदीप भाई महाभारत पूरी होने वाली है आप पूछ रहे हो द्रौपदी की साड़ी किसने खींची। सवाल का जवाब पहले ही मिल चुका है। ध्यान से सुनो। बहुत टोकाटाकी हो गयी। याद रखो प्रदीप भाई डिनर का इंतजाम बाकी है। आगे की कहानी तो सुनो, बड़े साहब पत्र में आगे लिखे थे -डॉ साहब, आपको मुफ्त में मिली तरक्की का इतना बड़ा घमंड। आपने मेरे त्याग ही नहीं भैय्यपन को भी अपमानित किया है।

प्रदीप भाई बोले- मुफ्त में मिली तरक्की तो समझ में आ गई। द्रोपदी की साड़ी कहाँ से आ गई?

अरे भाई कहानी सुन रहे हो तो कहानी पर ध्यान दो, प्रवीण बोले।

प्रदीप बोले- कहानी सुनाओ भाई।

प्रवीण भाई बोले - करमदेव ने पत्र में आगे लिखा था -डॉ साहब आप नये -नये रिश्तेदारों के सामने भी आप मुझे नहीं छोड़े। नये रिश्तेदारों से भी कह दिए कि अरे उनको छोड़ो वे तो वैसे ही है। आपको मैं पीठ पर बिठाकर तरक्की के रथ पर चढ़ाया। तरक्की के रथ पर आपके चढ़ते ही आपकी नजरों में गिर गया, ऐसा कौन सा गुनाह मुझसे हो गया डॉ साहब?

बेटी के ब्याह में मैंने अपनी जिंदगी दाव पर लगा दिया। तन-मन-धन से सहभागी रहा पर वहाँ भी मुझे अपमानित किया गया और प्रचारित किया गया कि मैंने एक

पैसा नहीं दिया। ऐसा ही अपमान बेटा की शादी में हुआ और कहा गया कि दहेज नहीं मिलता तो बेटा का ब्याह नहीं होता।

मेरे त्याग को लतिया दिया गया। अब कोई बात तक करने को राजी नहीं, जैसे मैं कोई गुनहगार हूँ। डॉ साहब, याद कीजिएगा, बीते पिछले चालीस साल के वो दिन। मुझे मालूम है मैं कम्पनी की नौकरी से रिटायर हूं, बासठ साल के ऊपर का हो गया हूं। मुझे पेंशन नहीं मिलती, कई बीमारियों की चपेट में हूं। इसके बाद भी मुझे न तो आप और नहीं आपके भगवान -आपके बेटा-बहू की सहारे की जरूरत मुझे होगी क्योंकि माता-पिता की दुआएं मेरे साथ हैं और खुद पर विश्वास ही नहीं अपनों पर पूरा विश्वास है। यही मेरी ताकत है।

प्रदीप बीच में बोले-डॉ साहब को लगा होगा कि कहीं उनके बेटे के बड़े भाई, करमदेव आश्रित न बन जाए। प्रदीप भाई की बात नजरअंदाज करते हुए प्रवीण भाई कहानी में विराम न लेते हुए कहानी सुनाये जा रहे थे। प्रवीण भाई बोले, बड़े भाई पत्र में लिखे थे:

डॉ साहब आपकी तरक्की और आपके भगवान -बेटा-बहू आपको मुबारक। आपकी तरक्की के लिए मैंने अपने बच्चों के हक में कटौती किया, अपने सुख का त्याग किया है, आपके बेटे और आपकी तरक्की में आपका कोई योगदान नहीं है....तरक्की आपको खैरात में मिली है इसलिए लॉटरी की रकम की तरह अपच हो रही है। डॉ साहब खुद पर काबू रखो...... डॉ साहब गुस्ताखी माफ़ करियेगा पर याद रखियेगा, जिस तरह शातिर ने षडयंत्र रचकर मुझे शिकार बनाकर अलग किया गया है, कहीं आप मत जाना, नहीं तो बुढ़ौती ख़राब हो जाएगी। कभी मेरी याद आये तो आ जाना, गले लगा लूंगा। डॉ खुश रहिये, तरक्की का मजा लीजिये...

आपकी तरक्की मुबारक,

मुझे मेरे संघर्ष से खड़ा कद और खुद पर भरोसा!

वाह क्या शानदार प्रेरणादायी बात बड़े भाई ने लिख दिया। कोई भी आदमी इतनी सी बात जीवन में उतार ले तो ये तेरा- मेरा की लड़ाई में रिश्ते अपमानित न होते प्रदीप भाई बोले।

प्रदीप भाई आपकी टोकाटाकी बढ़ती जा रही, उसी हिसाब से पेनल्टी भी बढ़ रही है। प्रवीण भाई बोले सुनो बड़े भाई ! छोटे अवसरवादी भाई को समझाते हुए क्या लिखते हैं---

महोदय, याद रखिए, जिस घर में और जिस जमीन पर आप और आपके लोग उपभोग करते हैं, जिस खेत का अन्न आप और आपके लोग खा रहे हैं, उसके लिए मैंने बड़ा त्याग किया है, मां-बाप के साथ, आंख खुली भी नहीं थी तब से ही शारीरिक परिश्रम किया, भविष्य निर्माण का पैसा लगाया, नहर पर माटी फेंककर पैसा कमाया। माँ -बाप के साथ मेहनत मजदूरी किया, पढ़ाई किया। लाख कष्टों के बाद सफल हुआ ,आप और आपके परिवार के लिए भी पुल बना पर मुझे मिला क्या सुलगता दर्द!

डॉ साहब आपकी हमें इंतजार थी कि आप अपने भगवान के घर से एक दो दिन के बाद मेरे पास आयेंगे तो शहर के जिस बड़े अस्पताल के विशेषज्ञ डॉ से मेरा इलाज चल रहा उन्हीं डॉ का अप्वाइंटमेंट लेकर आपको दिखा देंगे पर आप तो बुलावा न देने का गुनहगार बनाकर वापस चले गए।

खैर अब तो आपके पास आपके खुद के भगवान -बेटा-बहू है, हम लोगों की आपको क्या जरूरत? इसलिए आप बिना किसी सूचना के शहर आये चुपके से अपने भगवान से मिलकर चले गए।

प्रवीण भाई आगे कहानी कहते, बीच में ही फिर प्रदीप भाई बोले-भाई हो तो ऐसा। इसीलिए कहा गया है बड़े भाई-भाभी माँ-बाप के बराबर होते है।

याद रखो प्रदीप भाई डिनर की व्यवस्था बाकी है। आप कहो तो कहानी सुनाऊं नहीं तो ख़त्म कर दूँ ,प्रवीण भाई बोले।

अरे अधूरी नहीं भाई, पूरी कहानी तो सुनाओ डिनर की पेनल्टी लगा सकते हो, प्रदीप बोले।

ओके प्रदीप भाई कहानी सुनो -अपने बच्चों के हकों में कटौती और खुद के सुखों को भुलाकर छोटे भाई और उसके परिवार की नसीब संवारने वाला परन्तु आहत बड़ा भाई छोटे भाई को लिखा-डॉ साहब आप और आपके लोग सब कुछ भुला चुके हैं, बस आपको याद है आपके वर्तमान भगवान -बेटा-बहू।

हम इतने बुरे थे तो डॉक्टर साहब तो आप हमें चालीस -पैंतालीस साल पहले क्यों नहीं त्याग दिए आज की तरह। ऐसा कर देते तो मेरी आंखें ना झरती और नहीं मेरा श्रम और ना मेरी मेहनत की कमाई की तुहिन होती। डॉ साहब आपकी अवसरवादिता को देखकर माँ-बाप की आत्मा भी कलप रही होगी। परमात्मा आपको सद्बुद्धि दे। मैं तो आपके लिए यही दुआ कर सकता हूँ।

क्या भाई है, छोटे भाई के लिए इतना बड़ा त्याग बदले में मिला-अपमान, तिरस्कार। ये तो गलत किया डॉ ने प्रदीप बोले बाकी लोग पेनल्टी की डर से मुंह में दही जमाये बैठे, कहानी सुन रहे थे।

सुनिए पत्र में आगे लिखा था परम आदरणीय डॉ साहब आप भैय्यपन और त्याग का चीरहरण कर खुश तो बहुत होंगे। आदरणीय आप भैय्यपन और त्याग को भुलाकर पट्टीदार बना दिये है, आशा है आप पट्टीदार के अर्थ को समझकर पट्टीदार के साथ ईमानदारी बरतेंगे।

मेरी पत्नी जो आपको पुत्रवत प्यार की, आपकी पढ़ाई के लिए अपने गहने तक बेंच दी। आपके न्यू रो की बीमारी की खबर से हम लोग कितना रोये थे। पांच-सात साल शहर से इलाज करवाए, भगवान की बड़ी कृपा है आप स्वस्थ हैं, हम लोगों के शकुन की बात है। आपकी पत्नी का आपरेशन करवाए पर चालीस-पैंतालीस साल की अपनी तपस्या भंग हो गई, आपने सब भूला दिया। डॉ इसका मलाल तो रहेगा।

डॉ साहब आपके भैय्यपन की छाती भोंक दिया है परन्तु डॉ साहब आपको मेरे जनाजे का बुलावा मिले या न मिले। मेरी चिता से उठे धुयें की खबर आपको लग ही जायेगी......अब आपके लिए मैं अजनबी हो गया हूं। डॉ भरमदेव साहब ! मैंने कभी इस बात की फिक्र नहीं किया मैं किस परिवार से आया हूँ मुझे इस बात की फिक्र सताती रही कि मैं कैसा परिवार छोड़ कर जाऊंगा?

वाह रे करमदेव, क्या बात कह दिया भाई को लिखे गुस्ताखी माफ़ नाम के पत्र में - मैं कैसा परिवार छोड़ जाऊंगा और अपने मकसद में कामयाब भी हुआ पर भाई ने ही सुलगता हुआ घाव दे दिया, प्रदीप बोले।

प्रदीप भाई पत्र के आखिर में करमदेव क्या लिखा था, आगे तो सुनो प्रवीण बोले?

गुस्ताखी माफ़ सुनाओ, भाई प्रदीप बोला।

करमदेव लिखा डॉ साहब नौकरी के पहले दिन से दर्द सहा, भेदभाव-नफ़रत सहा, शहर में भूख का दर्द सहा पर परिवार को आंच नहीं आने दिया पर डॉ साहब आपने लाखों टन के दर्द का भार मेरी छाती रख दिया है। डॉ साहब मैं चैन से कैसे जी पाऊँगा?वह बहते हुए आंसू के साथ पत्र के आखिर में लिखा, भरमदेव डॉ साहब गुस्ताखी माफ़ कीजियेगा।

प्रवीण भाई बोले, देवियों एवं सज्जनों पत्र समाप्त। आओ अब अपने-अपने घर चलें।

कहानी से बहुत कुछ सीखने समझने को मिला है। भैय्यपन के लिए जीयेंगे-मरेंगे, वादा रहा। कहानी गुस्ताखी माफ के माध्यम से यह पत्र रिश्तों को जोड़ने की दृष्टि से बहुत उपयोगी है। कहानी गुस्ताखी माफ, भाइयों के रिश्तों को मजबूती देगी।

बहुत बढ़िया कहानी सुनाये हो प्रवीण भाई। भाई हो तो बड़े भैया करमदेव जैसा।

प्रवीण भाई नाश्ता और डिनर कब? --प्रदीप भाई पूछे।

गुस्ताखी माफ़...... प्रवीण भाई बोले।

भाई से रिश्ता कभी नहीं तोड़ोगे। भाई का साथ कभी नहीं छोड़ेंगे। भैय्यपन में जीएंगे, भैय्यपन में मरेंगे। वादा करते, हँसते -मुस्कराते सब अपने-अपने घरों की ओर चल पड़े।

(iii) संस्कार और सपने: अमरेश सिंह भदौरिया

गाँव के बाहरी छोर पर एक पक्का मकान था, जिसकी दीवारें पुरानी हो चली थीं, मगर रिश्तों की नींव अब भी मजबूत थी। इस घर में परंपरा और आधुनिकता की खींचतान चलती थी, लेकिन दोनों के बीच सम्मान भी बना हुआ था।

घर के मुखिया रमेश बाबू 46 वर्षीय शिक्षक, कवि और लेखक थे। वे अनुशासनप्रिय थे और परंपराओं को महत्व देते थे, मगर आधुनिकता को पूरी तरह नकारते भी नहीं थे। कभी-कभी जब चीजें उनकी अपेक्षा से अलग होतीं, तो उनके भीतर क्रोध की लहरें उठती थीं।

उनकी पत्नी सुनीता, 43 वर्षीय गृहिणी, धार्मिक विचारों वाली थीं, मगर आधुनिक सोच को भी समझती थीं। पूजा-पाठ उनका दैनिक कर्म था, लेकिन वे फैशन, समाज और बदलती दुनिया से भी परिचित थीं।

उनकी बेटी नेहा, 18 साल की होनहार लड़की, जो बी. एस. सी. प्रथम वर्ष की छात्रा थी। वह आत्मनिर्भर बनने का सपना देख रही थी और अपने पिता की तरह एक अध्यापन के क्षेत्र में अपना कैरियर बनाना चाहती थी। उसके विचार खुले थे, वह बदलाव को स्वीकार करती थी, लेकिन संस्कारों की अहमियत भी समझती थी।

सबसे छोटा था अंशल, 12 साल का चंचल बालक, जो सातवीं कक्षा में था। पढ़ाई से उसे कोई खास लगाव नहीं था। किताबों से ज्यादा उसे क्रिकेट और मोबाइल गेम्स में दिलचस्पी थी। माता-पिता उसकी इस लापरवाही को लेकर अक्सर चिंतित रहते थे।

शाम का समय था। रमेश बाबू स्कूल से लौटे, तो देखा कि नेहा अपने लैपटॉप पर कुछ टाइप कर रही थी।

"क्या लिख रही हो?" उन्होंने पास आकर पूछा।

"कॉलेज डिबेट के लिए, पापा!" नेहा ने उत्साह से कहा।

"क्या विषय है?"

"परंपराएँ: जड़ता या प्रगति?"

रमेश बाबू ने चश्मा उतारा और ध्यान से देखा।

"परंपराओं पर सवाल उठाना जरूरी है?" उनकी आवाज़ में हल्की कठोरता थी।

"मैं सवाल नहीं उठा रही, बस यह समझाना चाहती हूँ कि जो परंपराएँ समय के साथ न बदलें, वे बोझ बन जाती हैं।"

रमेश बाबू कुछ देर तक सोचते रहे। वे खुद भी कविताएँ लिखते थे, लेकिन समाज की स्थापित धारणाओं को लेकर उनकी सोच बहुत परंपरागत थी। क्या वाकई उनकी बेटी सही कह रही थी?

उन्होंने बिना कुछ कहे अख़बार उठा लिया और उसे पढ़ने लगे। लेकिन उनके दिमाग में सवाल घूमने लगे—क्या परंपराओं को ज्यों का त्यों बनाए रखना सही है?

डिबेट का दिन आ चुका था। मंच पर कदम रखते ही नेहा ने गहरी सांस ली। हॉल में सैकड़ों छात्र, शिक्षक और निर्णायक बैठे थे। पूरे कॉलेज की निगाहें उसी पर थीं। उसने आत्मविश्वास से माइक थामा और बोलना शुरू किया—

"परंपराएँ: जड़ता या प्रगति?"

"यह प्रश्न सदियों से समाज के सामने खड़ा है। कुछ लोग परंपराओं को पत्थर की लकीर मानते हैं, जिन्हें बदला नहीं जा सकता, तो कुछ इन्हें पुरानी, अप्रासंगिक जंजीरों के रूप में देखते हैं, जिन्हें तोड़ना आवश्यक है। लेकिन क्या वास्तव में परंपराएँ हमारी प्रगति में बाधा हैं, या यह हमारी जड़ों की मजबूती के प्रतीक हैं?

परंपराएँ वो नींव हैं, जिन पर हमारी संस्कृति और सभ्यता टिकी हुई है। हमें वे मूल्य देती हैं, जो पीढ़ी-दर-पीढ़ी हमें सिखाए गए हैं—सम्मान, संयम, सहनशीलता और कर्तव्यनिष्ठा। लेकिन क्या हम उन्हीं पर अटके रहें? अगर ऐसा होता, तो कभी भी समाज में बदलाव नहीं आता।

आज जब हम अपने इतिहास पर नजर डालते हैं, तो हमें दो तरह की परंपराएँ दिखाई देती हैं—एक जो समाज को आगे बढ़ने की ताकत देती हैं और दूसरी जो उसे पीछे खींचती हैं। उदाहरण के लिए, शिक्षा का महत्व हमारे समाज की एक महान परंपरा रही है। प्राचीन गुरुकुलों से लेकर आधुनिक विश्वविद्यालयों तक,

हमने ज्ञान को हमेशा प्राथमिकता दी है। लेकिन वही समाज कभी लड़कियों की शिक्षा के खिलाफ था। यदि बदलाव न होता, तो क्या आज लड़कियाँ डॉक्टर, इंजीनियर, वैज्ञानिक या शिक्षक बन पातीं?

महात्मा गांधी ने कभी कहा था—"अच्छी परंपराएँ वह हैं, जो समय के साथ खुद को प्रासंगिक बनाए रखें, न कि वे जो व्यक्ति की स्वतंत्रता को कुचल दें। हमें यह समझना होगा कि जो परंपराएँ हमारी सोच को सीमित करती हैं, जो व्यक्ति की स्वतंत्रता, अभिव्यक्ति और समानता के मार्ग में बाधा बनती हैं, उन्हें बदला जाना चाहिए।"

मैं परंपराओं के विरुद्ध नहीं हूँ, बल्कि मैं यह मानती हूँ कि हमें उन परंपराओं को बनाए रखना चाहिए जो हमें संस्कारों से जोड़ती हैं, लेकिन उन पर पुनर्विचार करना चाहिए जो हमें जकड़ती हैं। आज का युवा नई सोच और नए विचारों के साथ आगे बढ़ रहा है। उसे दायित्व और स्वतंत्रता का संतुलन समझना चाहिए।

तो आइए, हम एक नए युग की ओर बढ़ें—जहाँ परंपराएँ हमारी पहचान बनें, लेकिन बदलाव की राह में बाधा नहीं। एक ऐसा समाज बनाएँ, जहाँ संस्कार और आधुनिकता साथ-साथ चलें। जहाँ हम अपनी जड़ों से जुड़े रहें और अपनी शाखाओं को खुले आकाश में फैलने दें।

क्योंकि—

"संस्कारों की मजबूती, बदलाव की स्वीकारता, और प्रगति की निरंतरता—यही सशक्त समाज की परिभाषा है!"

(हॉल तालियों की गड़गड़ाहट से गूंज उठा।)

घर लौटने पर नेहा के हाथ में सम्मान पत्र था। उसने जैसे ही पापा को देखा, पापा उसे गले लगा लिया।

"बेटी, तुमने सही कहा था, "उन्होंने भावुक होते हुए कहा। "संस्कार और आधुनिकता में कोई टकराव नहीं है। असली सफलता इन्हें संतुलित करने में है।"

रात को जब पूरा घर सो चुका था, रमेश बाबू अपनी डायरी के पन्ने पलट रहे थे।

उनकी नज़र नेहा के सम्मान पत्र पर गई। उन्होंने लिखा—

"संस्कार जड़ों की गहराई हैं, सपने पंखों की ऊँचाई हैं,

जड़ें जितनी गहरी होंगी, शाखाएँ उतनी ही ऊँचाई तक फैलेंगी।

संतुलन ही जीवन का आधार है—जहाँ परंपराएँ नींव बनें और नए विचार उड़ान।"

सुबह जब नेहा ने पापा की डायरी देखी, वह मुसकुराई और मन ही मन कहा,

"आज मैंने नहीं, हमने मिलकर एक सोच को आगे बढ़ाया है।"

संस्कार और सपनों की यह जुगलबंदी, अब कभी नहीं रुकेगी।

(D) आलेख:

(i) इसे ही कहते महंगाई? संजय वर्मा

गर्मी में नींबू 20 के तीन, दस का एक क्या इसे ही कहते महंगाई?

गन्ने के रस की दुकान में ग्राहक ने दुकानदार से कहा भाई जरा नींबू, अदरक, पुदीना भी गन्ने के साथ रख कर रस तैयार करना। दुकानदार ने कहा दस का गन्ने का रस का गिलास और उसमें दस का नींबू डालूंगा तो मुझे क्या बचेगा। बिना नींबू का मिलेगा। ग्राहक बोले, चलेगा भाई। तो जरा नींबूड़ा-नींबूड़ा का गाना ही बजा दो। सोचना और समझाना वर्तमान में मुश्किल होता जा रहा। समझाने में बहस जन्म ले लेती है। अक्सर कई बार ऐसा हो जाता है कि सामने वाला क्या सोच रहा है या फिर हम उसी अंदाज में उसे देख रहे है मगर उसके बारे में सोच नहीं रहे है। यानि ध्यान कहीं और है। ऐसे में सामने वाला कोई नई बात सोच लेता है, बात को पहले समझे बगैर दूसरों को कह देना भी एक नासमझी मानी जाएगी। एक वाकया वो यूँ था - बाबूजी ने साहब के बंगले पर जाकर बाहर खड़े नौकर से पूछा साहब कहाँ है? उसने कहा "गए" यानि उसका मतलब था की साहब मीटिंग में बाहर गए। बाबूजी ने ऑफिस में कह दिया की साहब गए इस तरह उड़ती - उड़ती खबर ने जोर पकड़ लिया। खैर, कोई माला, सूखी तुलसी, टॉवेल आदि लेकर साहब के घर के सामने पेड़ की छाया में बैठ गए। घर पर रोने की आवाज भी नहीं आ रही थी। सब ने खिड़की में से झाँक कर देखा। साहब के घर में कोई लेटा हुआ है और उस पर सफ़ेद चादर ढंकी हुई थी। सब घर के अंदर गए और साथ लाए फूलों को उनके ऊपर डाल दिया। वजन के कारण सोये हुए आदमी की आँखें खुल गई। मालूम हुआ की वो तो साहब के भाई थे जो उनसे मिलने बाहर गांव से रात को आये थे। सब लोग असमंजस में थे की बाबूजी को नौकर ने बात समझे बगैर सही तरीके से नहीं की। इसमें बाबूजी का कसूर नहीं था। कुछ दिनों बाद बाबूजी रिटायर होकर अपने गाँव चले गए। गाँव में उन्हें वहाँ के लोग नान्या अंकल कह कर

पुकारते थे। गाँव में रिवाज होता है की मेहमान यदि किसी के भी हो अपने लगते है। गाँव में उन्हें अपने घर भी बुलाते हैं। वर्तमान में नींबू के भाव आसमान पर हैं। लोग महंगाई नहीं पा रहे वाकई नासमझ हैं। वो इसे मौसम की मार समझ रहे तो कई लोग महंगाई का अनुमान लगा रहे थे। ऐसे में एक वाकया याद आता है कि- गर्मी की छुट्टियों में मेहमान आए बुरा न लगे इसलिए सामने वाले अंकल जो कि बाहर खड़े थे, जिन्होंने ही घर का पता मेहमान के पूछने पर बताया था। पता बताने के हिसाब से और नेक इंसान होने के नाते गर्मी के मौसम में ठंडा पिलाने हेतु पप्पू को दौड़ा दिया कहा कि-"जा जल्दी से नान्या अंकल को बुला ला"। मेहमान कहाँ से आए की रोचकता समझने एवं आमंत्रण की खबर पाकर वो इतना सम्मानित हुए जितना की कवि या शायर कविता/गजल पर दाद बतौर तालियाँ और वाह-वाह के सम्मान से जैसे नवाजा गया हो | ठंडा पीने के लिए जैसे ही नान्या अंकल को मेहमानों के सामने भाभी जी ने नींबू का शरबत दिया | शरबत का गिलास होंठों से लगाया तो नान्या अंकल को कुछ ज्यादा ही खट्टा लगा। सोचा शायद महंगाई के मारे शक्कर के भाव बढ़ गए हो इसलिए शक्कर ही कम डाली हो। दूसरा घूंट भरा तो फिर कहना ही पड़ा - भाभी जी इसमें आप शक्कर डालना शायद भूल गई हो। भाभी जी बोली -क्या करें भाई साहब, इनको डायबिटीज है इस कारण शक्कर कम ही डालने की आदत सी हो गई है। बढ़ती महंगाई पर पर्दा डालने की कोशिश मृगतृष्णा सी लगती दिखाई देने लगी। नान्या अंकल ने कहा- भाई शरबत बहुत ही खट्टा है, पीने से मेरे दांतों को बहुत तकलीफ़ होती है। महंगे नींबू के कारण शक्कर का भी बहुत अच्छा लग रहा था। जरा इमली को ही लीजिये, इमली का नाम सुनने पर या चूसने पर सामने वाले के मुंह में भी पानी आ जाता है और जम्हाई लोगे तो सामने वाला भी मुंह फाड़ने लग जाता है। कई लोग महत्वपूर्ण मीटिंगों में आप को सोते या जम्हाई लेते मिल ही जायेंगे। ऐसा शरीर में क्यों होता है ये मैं नहीं जानता जो आप सोच रहे हो और ये भी नहीं जानता की नींबू अचानक महंगे क्यों हुए थे।

विदेशों में घूमने जाने के हजारों किस्से, नान्या अंकल मेहमानों को बता रहे मगर मेहमानों ने कहा- अंकल! अपने देश में घूमने लायक एक से बढ़कर एक जगह है, बस इस बात का वे बुरा मान गए और कहने लगे कि मेरे "मन की बात" को कोई ठीक तरीके से समझते क्यू नहीं और वे उठ कर चल दिए। कई सालो बाद वही मेहमान फिर गाँव में आये तो उन्होंने नान्या अंकल को देखा जो कि ज्यादा बूढ़े हो गए थे, लेकिन अपने विचारो पर थे अडिग। उनकी नजरें भी कमजोर हो गईं, किन्तु सामने वाले मेहमानों ने उन्हें पहचान ही लिया। वे एक दूसरे के कानों में खुसर-पुसर कर कहने लगे यही तो हैं अंकल। उन्होंने सोचा की शायद उस समय हमसे ही कोई समझने की भूल हो गई हो, क्षमा मांगने का और उनसे कहने और समझने का यही मौका है। सबने नान्या अंकल से माफी मांगी। नींबू की जगह अब नान्या अंकल को छाछ पीने को दी। तब मन में एक ही ललक थी। नान्या अंकल को महंगे नींबू का शरबत देना था। तब उनके चेहरे पर ज्यादा ख़ुशी दिखती।